Das verschwindende Land

The Disappearing Countryside

Frank Joussen

Das verschwindende Land

Gedichte und Prosa für die Rettung unserer Heimat und Umwelt

The Disappearing Countryside

Poems and Prose Texts for the preservation of our homeland and environment

Frank Joussen

Impressum

Bibliografische Information der Deutschen Nationalbibliothek: Die Deutsche Nationalbibliothek verzeichnet diese Publikation in der Deutschen Nationalbibliografie; detaillierte bibliografische Daten sind im Internet über http://dnb.dnb.de abrufbar.

Die automatisierte Analyse des Werkes, um daraus Informationen insbesondere über Muster, Trends und Korrelationen gemäß §44b UrhG („Text und Data Mining") zu gewinnen, ist untersagt.

© 2024 Frank Joussen

Verlag: BoD · Books on Demand GmbH, In de Tarpen 42, 22848 Norderstedt

Druck: Libri Plureos GmbH, Friedensallee 273, 22763 Hamburg

ISBN: 978-3-7597-7038-7

Contents / Inhalt

von Kurt Lehmkuhl

Die Lektüre von „Das verschwindende Land" schmerzt auf heilsame Weise, weckt quälende Erinnerungen, reißt Wunden in der Seele auf, die entstanden sind, als in meiner Gegenwart der „Immerather Dom" vernichtet wurde. Und das ist gut so! Der Anblick vom sterbenden, der Zerstörung geweihten Dom in einer bereits verwüsteten Landschaft voller Bauschutt und Schrott wird wieder lebendig. Man muss dankbar sein, dass Frank Joussen diese Emotionen wieder wach werden lässt. Die verdrängten, beängstigenden Gefühle sind Teil unseres Lebens, machen den Teil der vom Menschen verursachten Umweltkatastrophe vor der eigenen Haustür, aber auch in der Region und in aller Welt erlebbar.

Die Texte, die vom Monster und der Heimat handeln, sind eindrucksvolle Dokumente des Zeitgeschehens. Mit wenigen Worten, in kurzen Sätzen versteht er es, den Leser zu packen, ihn an das Geschehene zu erinnern oder – was noch wichtiger ist – den unwissenden Leser, der fern der Tagebaue beheimatet ist, auf plastische Weise darauf zu stoßen, was passiert ist, was gerade passiert und was passieren wird.

Die Kirche weicht der Kohle und der Glaube der Gier – deutlicher als mit den Werken von Joussen kann man diesen Spruch nicht erklären, in Worte fassen, mit Leben füllen.

Die Gedichte für die Rettung unserer Heimat und Umwelt sind nachhaltig, ganz das Gegenteil vom flüchtigen, umweltschädigenden Nutzen der Braunkohle. Die Gedichte sind kein Hilferuf, aber eine Anklage, kein Verzweiflungsakt, sondern eine Mahnung. Sie verdienen es, die Zeit zu überdauern, um später einmal Zeugnis abzulegen, wie es war – damals, mit dem Wahnsinn der Heimatvertreibung, der Kirchenvernichtung, der Umweltzerstörung.

by Kurt Lehmkuhl, translated by Ulla Joußen

Reading "The Disappearing Countryside" hurts in a healing way, makes painful memories reappear, opens old sores in my soul that were slain when the "Immerather Dom" was destroyed in my presence. And this is to be appreciated! The sight of this monument that was dying, that was sacrificed to destruction in an already desolate countryside dominated by waste, debris and scrap is becoming real again. We must be grateful that Frank Joussen makes these emotions come alive again. They were buried in our souls because of their threatening character, because they are a reminder of the eco-catastrophe right at our own front doors, in our area, as much as in the whole world.

The poems, which concentrate on the Monster and Home, are impressive documents of contemporary history. The author manages to capture the readers' attention with only a few words, with short sentences to remind them of what has happened or – something that is even more important – to make the innocent reader who lives far away from the open mining areas experience past, present and future challenges.

The church has had to give way to gravelly coal, religious belief is ousted by human greed – the meaning of this cannot be better expressed and filled with life than in Joussen's poems.

Wanting to save our native environment, his poetry is enduring, quite in contrast to the fleetingly pollutive use of brown coal. The poems are not so much a cry for help but an accusation, not desperate action but an admonition. They deserve being preserved to bear witness to what it was like – then, at the times of expulsion from homes, the demolition of churches, the destruction of the environment.

Frank Joussen spricht vom Geisterdorf und dem Geist. Was sind es für Geister, die wir – die Menschen – riefen, als wir die Löcher gruben und zuließen, dass sie immer größer und immer tiefer wurden? Es sind unsere Geister, die uns zerstören. Mehr kann der Autor nicht mahnend sagen. Aber es reicht!

Er stellt die nicht geschriebenen Fragen: Wann ist endlich Schluss mit dem Wahnsinn? Was muss geschehen, damit wir nicht unsere Wunden lecken müssen, wenn die Natur nicht mehr unseren unnatürlichen Regeln folgt?

Frank Joussen writes about ghost villages and the ghost. What ghosts did we – humankind – invoke when we started to dig holes and allowed them to grow constantly bigger and deeper? They are our ghosts that have come to destroy us. To raise a warning finger against this is all the author can do. And has done well!

He is asking the unwritten questions: When will this madness finally end? What will have to happen to stop us from licking our wounds when nature does not follow our unnatural rules any longer?

I.
GEDICHTE
1994 – 2022

POEMS
1994 – 2022

DAS VERSCHWINDENDE LAND
TRIPTYCHON I

i) Grund und Boden unter den Füßen verlierend

„Ist dies das richtige Dorf?" sprach ich,
mangels anderer Gesprächspartner,
zu mir selbst.

Mein erstes Geister-Dorf
war bar jedweder Schilder,
die gesuchten Archäologen
spukhaft unsichtbar.

Zwecklos auf der Straße zu warten,
an Tür oder Tor zu klopfen, zu klingeln.
Die Lebenden waren abgereist,
bevor das Dorf und die Toten
verschluckt wurden

vom Schaufelradbagger,
einem Monster von einem Wort,
einem Monster von einer Maschine.

Die mittelalterlichen Grundmauern
der Dorfkirche
unter den jetzigen ausgrabend,
fand ich schließlich die Gruppe von Archäologen,
die Leichen im Keller untersuchend. –

„Wir lernen so viel hier über die
Kultur der Einheimischen", meinte der Leiter.
Ja, aber ihre jetzige Dorf-Identität
baggern eure bärbeißigen Nachfolger weg.

THE DISAPPEARING COUNTRYSIDE
TRIPTYCH I

i) Losing Ground

"Is this the right village?"
I said to myself
for want of another person
to speak to

my first German ghost town
was devoid of all signs
I expected archaeologists
but they were nowhere in sight

no use waiting in the street
or ringing a doorbell
the living had left
before the village and the dead
were swallowed up whole by

the bucket wheel excavator
a monster of a name,
a monster of a machine

digging up a medieval church
under the present one
I finally found the archaeologists
examining skeletons

"We're learning so much more
about the past of those locals," their leader said
yes, but the grim miners will then
destroy the identity of their village.

ii) Türen im Wind

(inspiriert von Karl-Heinz Laufs)

Ein Kollege, Künstler, Freund
rettete die Holztüren ihrer Geister-Dörfer,
platzierte sie, sich lose in ihren Angeln drehend,
in einem Wäldchen inmitten
der Landesgartenschau.
„Was für ein Skandal!", meinten manche,
hatten aber wenig Ahnung,

dass seine Metapher gleichzeitig
wahr und euphemistisch war:
Die Türen waren irgendwie
zu ihren Wurzeln zurückgekehrt,
während ihre früheren Besitzer
in anonymen Bungalows beerdigt waren,
ihre Seelen fliegend und
flatternd im Feinstaub-Wind.

ii) Doors in the Wind

(inspired by Karl-Heinz Laufs)

a colleague of mine
saved part of their ghost towns
by placing the doors
of their erstwhile homes
in the middle of a wood
there to cause scandal
at the horticultural show
but little did they know that

his metaphor was true
and euphemistic too
the doors had returned
to their roots somehow
while their owners were buried
in anonymous bungalows
their souls open to the void
flapping and creaking in the wind
filled with fine dust pollution.

iii) Der Drache unserer Gegend

Schaufelradbagger – du
Monster von einem Wort,
du Monster von einer Maschine.
Lang bevor du kamst,
brachte die Antizipation deines Atems
den sozialen Tod in unsere Dörfer,
und dein unersättlicher Schlund
schlürft die Wasserreservoirs
der ganzen Gegend aus.

Deine Neffen fressen solide Häuser
zum Frühstück,
deine Nichten saufen taubenetzten Rasen
zum Dessert.
Du selbst verschlingst fruchtbare Felder,
ganze Landschaften.
Du nagst an den Knochen
unserer Ahnen,
saugst unserer Kultur
das Mark aus.

Deine Klauen, die uns
bei unserer Gier packen
und den Bedarf
unserer eigenen Selbstzerstörung faken,
sind unsere eigene Erfindung.

Schaufelradbagger – du,
Monster von einer Maschine,
Monster unserer eigenen Gehirne,

iii) Our Hometown Dragon

bucket wheel excavator
a monster of a term
a monster of a machine
long before you arrived
the anticipation of your breath
brought death
to our social climate
and your insatiable mouth
will do the same
to our water reservoirs

your nephews eat solid houses
for breakfast
your nieces drink dewy lawns
for dessert
you yourself devour
once fruitful fields,
whole landscapes,
you gnaw the bones
of our ancestors
and suck our culture's marrow

your claws that clutch us
by our own greed
and fake some need
for self-destruction
are our own invention

bucket wheel excavator
a monster of a machine
a monster of our minds

ein Drache unserer modernen Zeit,
Ausgeburt einer selbstgemachten Hölle,
du kriechst langsamer als ein Tausendfüßler,
wirfst aber schnell wachsende Schatten
auf die Generationen der Entwurzelten.

a dragon of our modern age
looking alive as hell
crawling more slowly
than a centipede
yet casting long shadows
over generations of
dispossessed families.

DAS BEGRÄBNIS UNSERER DORFKIRCHE

Was nützt dir unsere Mahnwache,
wenn du morgen um diese Zeit
schon entweiht, entkleidet, entkernt bist?
Wir stehen hier
wie am Grab eines geliebten Menschen,
wie immer trauernd um uns selbst
oder doch nicht?

Wenn du, Spenderin von Taufen,
Hochzeiten, Trost bei Beerdigungen,
Herzstück unseres Glaubens
an Gott im Himmel
nieder-
fällst
öffnet   sich
die   Erde

und dieses Monster von einem Wort,
dieses Monster von einer Maschine,
der Kraken-hafte Schaufelradbagger
treibt die Natur
die Natur unserer Heimat
tief,
        tief
            bis auf den Grund.

THE LAST DAYS OF OUR VILLAGE CHURCH

what good will it do you
when you're desecrated and demolished
this time tomorrow
what good will it do us –
our solemn vigil is like standing
at a loved one's open grave:
we mourn for ourselves
don't we?

when you –giver of baptisms,
weddings, funerals –
spirit, stone, backbone
of our shared faith
in God above
fall

              down
the earth   will
open   up
and that monster of a term,
that monster of a machine,
the grim bucket wheel excavator
will drive nature,
the nature of our homeland
deep

    deep
        into the ground.

DIE GEISTER DER GEISTERDÖRFER

Wir sind die Geister der Geisterdörfer,
die ruhelosen Überreste
der Menschen, die hier getauft,
verheiratet oder betrauert wurden –
in dieser entweihten, demolierten, dem Erdboden
gleichgemachten großen alten Dorfkirche,
die wir liebevoll „Dom" nannten.

Wir nehmen es euch übel,
dass wir in unserer Totenruhe gestört
und umgebettet werden
an einen bedeutungslosen Ort,
einen Ort ohne den alten Dorfklatsch,
ohne die lebendigen Erinnerungen,
ohne eine Zukunft
in der Mitte all unserer Nachbarn und Freunde,
einen Ort, der mit unserem alten Dorf zwar
den Orts- und die Straßennamen gemeinsam
hat, aber sonst rein gar nichts.

Sagt nicht, dass unser altes Dorf begraben und vergessen ist!
Schaut euch die Tausende unserer Enkel- und Urenkelkinder an,
wie sie protestieren gegen die Vernichtung
unseres Heimatdorfes, aller Heimatdörfer durch dieses Monster
von einer Maschine, diesen gigantischen Schaufelradbagger.

THE GHOSTS OF GHOST TOWNS

We are the ghosts of ghost towns,
the restless remains
of the humans who were baptized,
married and mourned here –
in this desecrated, demolished,
big old village church, now turned to dust,
that we lovingly called a 'cathedral'.

We take offence
at our bodies and bones being
relocated to some meaningless place
devoid of local gossip,
devoid of living memories,
devoid of a future
amidst our neighbours and friends –
a new place with the same name,
the same street names
as our old village
but nothing else.

Don't say we're buried and twice forgotten.
Look at the thousands of our grandchildren
and great grandchildren
protesting against the annihilation
of all our hometowns
by that monster of a term,
that soulless monster of a machine,
the biggest, baddest bucket wheel excavator.

So lange wie es noch eine
nun namenlose Straße zu marschieren,
Bauschutt zu beklagen und
Gras zum Ausruhen geben wird,
inmitten unseres verschwindenden Landes,
so lange werden die Protestlieder laut
genug sein, um die Toten aufzuwecken,
die lebenden Dorfbewohner zu besingen
und eine Zukunft einzuläuten,
in der diese stetig wachsende Leere
aufhören wird zu existieren
und wir wieder das Leben in Fülle haben werden.

As long as there's still a now nameless street
to march on, rubble to mourn
and grass to rest on
amidst our disappearing countryside
their protest songs will be loud,
loud enough to raise the dead,
to praise the living villagers
and to ring in a future,
devoid of this ever-growing void,
and we'll live life to the fullest.

DAS KREUZ NAHE
DER ABBAUKANTE

Ein viel zu kleines Kreuz
in einem großen Bildstock
inmitten der Felder
auf dem fruchtbaren Lössboden,
bald verschlungen vom Schaufelradbagger,
einem monströsen Wort
für eine noch monströsere Maschine.

Das schützende Häuschen aus dunkelroten Ziegeln,
schlicht, einfach, solide,
fast für die Ewigkeit –
wie viele Bauernhäuser hier.
Der Corpus im Inneren allein,
Jesus ohne seine Mutter,
ohne seinen besten Freund,
auf verlorenem Posten, vergessen wirkend,
nur in Gesellschaft eines
kleinen Podests und Plastikmülls.

Früher verehrt, gepflegt
von gläubigen Menschen,
die diese nun verwaisten Feldwege
bevölkerten – wie mein Großvater,
der mit seinem Fahrrad bestimmt
an diesem Bildstock stehen blieb
und ein „Vater Unser" betete.

THE CROSS NEAR THE EDGE

A cross far too small
in a big wayside shrine
amidst the fields
on the fertile loess soil,
soon to be devoured
by the bucket wheel excavator,
a monstrous term
for an even more monstrous machine.

The shrine made of dark red brick,
plain, simple, solid,
almost for eternity,
like the many farmhouses here.
The corpus on the cross alone,
Jesus without his mother,
without his best friend,
fighting a lost cause,
mostly forgotten,
only in the company of
a little pedestal and some plastic waste.

Previously cherished and tended
by devout Christians
who populated these now deserted country lanes,
on foot, on their tractors, on their bikes –
like my grandfather,
who certainly stopped here to say the Lord's Prayer.

Jetzt weiß ich, was ich hier tue,
warum mein Rad neben mir liegt,
im hohen Gras:
Ich stehe hier stellvertretend
für so viele
vor dem verlassenen Sohn Gottes,
zu dem Opa Tag und Nacht
voller Vertrauen betete.

Wenn der Schaufelradbagger
noch ein wenig näher rückt,
werden Jesus und alle Heiligen
der vielen Wegkreuze
und der für immer geschlossenen
Kapellen und Kirchen
dieses verschwindende Land
im Exodus mit all seinen Bewohnern hier verlassen,
vielleicht dort eine neue Heimat findend,
wo man noch auf seinem Weg anhält,
Gott für seine Schöpfung dankt
und um seinen Rat bittet,
auf dass man nicht verloren gehe.

Now I know what I'm doing here,
why my bike is lying
in the tall grass:
I stand here on behalf
of so many
before the abandoned Son of God
to whom grandpa prayed
full of trust
day and night.

When the bucket wheel excavator
moves just a little closer
all these crucified Jesuses,
all these saints
from the many wayside crosses,
from the now forever closed
chapels and churches
will leave this disappearing countryside
with the inhabitants
in one big exodus –
perhaps finding a new home
where people still pause
on their way
to thank God for His creation,
to ask His advice
so they won't go astray.

HEIMAT, HIER UND HEUTE
TRIPTYCHON II

(Garzweiler, Sommer 2021)

i)
„Wir bleiben hier!"
trotzig den Besitzern der Schaufelradbagger
ins Stammbuch geschrieben,
jahrzehntelang.
Doch die „abzubaggernden Gebiete"
gleichen immer mehr den
alten Geisterdörfern.

„Sie bleiben hier!"
stolz den Journalist*innen
in die metaphorischen Federn diktiert,
anlässlich der Aufnahme einiger weniger Heimatloser
infolge der Flutkatastrophe
an Wurm, Rur, Ahr, Erft, Inde, Wupper 2021.

Doch in den Köpfen der Neuankömmlinge
könnten die Geister der Toten
womöglich noch mal so schlimm spuken,
könnten die Wehklagen der anderen Vertriebenen
womöglich noch mal so laut widerhallen
angesichts der Leere und
Hoffnungslosigkeit hier.

HOMELAND, HERE AND NOW
TRIPTYCH II

(Rhenish Mining Area Garzweiler II, Summer 2021)

i)
"We are staying!"
stubbornly pronounced by the villagers
on placards, banners, huge signs,
for decades,
but the areas soon to be emptied
resemble the old ghost towns
more and more.

"They are staying!"
proudly declared to journalists
thirsty for some good news,
for a change,
when a few homeless families
arrived here after the flood disaster
in the west of Germany, August 2021.

Yet the newcomers may be
haunted even more now
by the ghosts of the dead,
the laments of other homeless humans
in the face of the emptiness
and hopelessness here.

Denn wie bleiben können,
wie sesshaft werden,
wenn die Ruhe so gespenstig ist
wie auf den entweihten Friedhöfen hier
und der Frieden
zwischen Mensch und Arbeiter,
Stadt und Konzern
noch schneller schwindet
als unser verschwindendes Land?

ii)
Heimat kann man teilen,
Leid auch,
gewiss.
Aber wie Versöhnung stiften
zwischen Bewohner und Baggerführer,
Umweltaktivist und Aktionär,
Bewahrer der Schöpfung und Raubtierkapitalist?

iii)
„Einer trage des anderen Last"
geht schwer genug,
weil jeder heute
stetig und ständig überlastet ist –
wie ungleich schwerer
ist die Umweltbelastung zu ertragen
durch unsere gute Mutter Erde?

For how can they stay,
how can they settle down
when the calm in
these abandoned villages
is as ghostly as
in the desecrated cemeteries here
and public peace is decreasing
faster than this disappearing countryside?

ii-
You can share your homeland,
your sorrow too,
certainly.
But can you bring reconciliation
to inhabitant and excavator operator,
environmentalist and shareholder,
conservationist and dog-eat-dog capitalist?

iii)
Putting into practice
"bear one another's burdens"
is hard enough
– for everyone is constantly
overburdened nowadays anyway –
how unequally harder
is it for our good Mother Earth
to bear the environmental burden?

E I N E   W I E S E   A M   A B G R U N D
   (oder: Die Morlocks von heute)

Eine kleine Wiese
mit einem runden Dutzend
Hühnern und Gänsen,
fröhlich im Gras pickend,
in friedlicher, fruchtbarer Koexistenz.
Gut, manchmal muss man
ein paar Federn lassen.
Hauptsache, man überlebt!

Im Hintergrund ein Schaufelradbagger,
ein monströser Tausendfüßler,
grau glänzend im Gegenlicht
und versunken wirkend,
jedoch in jeder Diskussion warnend
rot aufleuchtend:
Rot - wie „die rote Linie
der nationalen Energieversorgung" oder
rot wie die alten „Stop Rheinbraun" Schilder,
immer aufs Neue den Land-Frieden bedrohend.

Früher, fiktiv in *Die Zeitmaschine*:
Die Vision von Morlocks,
nachts wie Nattern
aus ihren Löchern kriechend,
um die naiven Eloi zu verschlingen.

Heute, real, im rheinischen Tagebau:
Die Kannibalen 2.0,
Tag und Nacht wütend
in ihren überdimensionalen Löchern –
die perfekten Allesfresser.

A LITTLE MEADOW NEAR THE EDGE
(Or: Today's Morlocks)

A little meadow
with a full dozen chickens and geese,
happily pecking in the grass,
in peaceful, fruitful coexistence.
Admittedly, sometimes you lose
a few feathers.
The main thing is to survive!

In the background a bucket wheel excavator,
a monstrous millipede,
black, glistening against the light,
seemingly sunk,
but popping up
in every discussion here
in glaring red:
Red like "the red line of national energy supply"
or red like the old "Stop Rheinbraun" signs,
continually threatening public peace.

Long ago, fictitious in *The Time Machine*:
the vision of Morlocks,
creeping out of their holes at night
like vipers
to devour the Eloi.

Today, in real life,
in our area:
The cannibals 2.0
raging in their holes
by day and by night:
The perfect omnivores.

VOM ÄNDERN DER VORFAHRT

„Vorfahrt geändert!"
An der alten, langsam verfallenden
Gärtnerei geht's rechts ab,
statt geradeaus, nach Immerath,
dem ehemals altehrwürdigen Dorf
mit eigenem Dom und Kaisersaal,
dem ersten Ganztageskindergarten unserer Stadt,
mit Arzt, Apotheker, Geschäften –
kurzum mit allem, was der Mensch so braucht.

Das Ortsschild, das ich langsam
mit dem Fahrrad passiere,
besagt auch nicht mehr:
„Immerath drei Kilometer",
sondern verkündet lapidar das Ende Holzweilers,
des letzten Ortes vor der Abbaukante,
der nicht verlassen, zum Abriss
verdammt werden wird.

Wohin es jetzt geht?
Zum „Stopp! Durchfahrt verboten" Schild
am Rande der Grube,
„Absturzgefahr" überall.

CHANGED PRIORITY

"Changed priority"
now you must turn right
at the old, tumble-down plant nursery
instead of carrying straight on to Immerath,
the formerly time-honoured village
with its own 'cathedral', 'imperial hall',
the first all-day kindergarten
of our town,
general practitioner, pharmacist, shops –
in short, with everything people need.

The sign
I'm slowly passing on my bike
no longer says:
"Immerath 3 km",
it only indicates the village
limits of Holzweiler,
the last village before the edge
that won't be deserted,
condemned to demolition.

Where to now?
To the "Stop!", "No Entry" signs
at the edge of the open pit,
"Danger – Risk of Falling" everywhere.

Abstürzen wird nicht nur
der gigantische, Kraken-hafte Schaufelradbagger,
dieses Fossil fossilen Energie-Ergaunerns,
eines schönen, nicht mehr fernen Tages.
Abstürzen werden wir alle,
widerstandslos,
wenn wir die Vorfahrt nicht ändern
zugunsten eines Wieder-Zusammen-Wachsens
von Mensch und Natur.

"Risk of Falling" doesn't only
apply to the gigantic, octopus-like
bucket wheel excavator,
the fossil of fraudulently
 mined fossil fuel –
it will fall one day in the
not-too-distant future –

but it applies to us all:
We'll fall, without resisting,
if we do not change our priority
in favour of healing
humans and Nature.

WILLKOMMEN IM
UNHEIMELIGEN HAUS

Das letzte Haus in Lützerath ist weiß.
Weiß wie der Präsidentenpalast in Washington?
Weiß wie Thomas Manns Haus des Exils in Kalifornien?
Weiß wie ein leeres Blatt Papier! –
Mir fehlen die Worte, um das Haus,
das Lager, die Baumhäuser und die Straßenposten
der Aktivistinnen und Aktivisten
unmittelbar vor der übergroßen Grube zu beschreiben.

Auf der langen Fahrradtour im Gegenwind
von Erkelenz nahm ich mir vor,
es „Das letzte heimelige Haus" zu nennen.
Warum denn nicht? - Ist das fruchtbare Erkelenzer Land
mit seinen alten Gehöften und Gemeinden nicht
ein liebliches, friedliches Auenland?
Gilt es nicht für die Gefährten, auf dem Weg von dort
zu nie gekannten Gefahren, im heimeligen Haus
Kraft zu schöpfen vor der Vernichtung des Bösen,
auf dass die ganze kultivierte Welt nicht vernichtet werde?

Das stimmt schon, aber ein heimeliges Haus
braucht Heimat drum herum,
braucht Sicherheit für allseits anerkannte Helden
statt schweigsame Security Männer auf der einen,

NO LAST HOMELY HOUSE IN LUETZERATH

The last house in Luetzerath is white.
White like the presidential palace in Washington?
White like Thomas Mann's house of exile in California?
White like a blank sheet of paper!
Words fail me to describe
the camp, the tree houses,
the outposts of activists
directly on the verge of the oversized pit.

On my long bike tour in the headwind
from Erkelenz I planned on
calling it "The Last Homely House".
Why not? Is the fruitful homeland of Erkelenz
with its old farms and villages
not a cosy, peaceful Shire?
Isn't it the Fellowship's purpose,
en route to unfathomable dangers,
to gather strength at the "Last Homely House"
before the annihilation of the evil
so that civilization
will not be destroyed?

Sure. But a homely house
needs homeland surrounding it,
needs safety for heroes
recognized by all and sundry
instead of a stand-off between
silent security men

Vermummte auf der anderen Seite.
Letztere reden freundlich mit mir.

Warum auch nicht? - Gehört das Land,
das sie beschützen wollen, nicht allen
Pflanzen, Tieren, Menschen darauf –
sogar den Security Männern, wenn sie,
ohne ihre leuchtend gelb-schwarzen Westen,
bei ihren Liebsten zu Hause sind
und ihren Kindern Geschichten vorlesen,
Geschichten von dem großen Abenteuer,
die Welt zu retten?

and masked activists.
The latter are friendly, talk to me.

Why not? Doesn't the land
they wish to protect
belong to all plants, animals, humans
on it? –
Even to the security men
when they, without their bright
yellow and black vests,
are back home with their loved ones,
reading their children stories
about the great adventure
to save the world?

ÜBER DIE ROTE LINIE
TRIPTYCHON III

i) Auf der Karte

Auf der Karte: Die rote Linie
des Braunkohletagebaus,
ein absurd langes Wort
für ein absurdes, aus der Zeit
gefallenes Mega-Projekt.
Was ist jetzt, hier und heute,
diesseits und jenseits dieser Linie?
Ich er-fahre es mit dem Fahrrad.

ii) Jenseits der Linie (Kuckum, Erkelenz, 2021)

Ein seit Monaten nicht mehr gefegter Rinnstein,
ein von Unkraut überwucherter Vorgarten
mit einer ein Meter hohen Pusteblume
und zwei Meter hohen Sträuchern,
die Äste niedergedrückt von
einer Vielzahl orange-roter Beeren.
Warum?
Weil wohl nicht mal mehr die Vögel
daran glauben, dass hier noch was zu holen ist.

CROSSING THE RED LINE
TRIPTYCH III

i) On the Map

On the map: The red line
of the lignite opencast mine,
an absurdly long term
for an absurd, anachronistic
mega project.
What can be found,
here and now,
this side and that side
of the red line?
I discover it by bike.

ii) That Side of the Line (Kuckum, Erkelenz, 2021)

A gutter, unswept for months.
A front garden overgrown by weeds,
with a one-metre high dandelion
and over two-metre high bushes,
their branches bowed down
by a multitude of orange-red berries.
Why?
Because even the birds seem to
believe there's nothing to be had here.

Nicht weit weg davon
ein Fußballplatz, auf dessen
spitzen roten Schottersteinen
sich manch ein Spieler
blutige Knie geholt hat –
jetzt schon halb von einem
sanften Teppich hellen Grüns bedeckt.

Der Mensch gibt Raum auf,
die Natur rückt vor,
holt sich Verlorenes zurück.
So ist es normal, nicht wahr?
Nicht wahr! –
Im Niemandsland zwischen dem,
was einmal war und niemals mehr
sein kann, und dem,
was sein soll, jedoch nicht sein darf,
ist nichts „normal"!

Denn dort verschwinden nicht nur
die letzten Reste jahrhunderte-,
nicht selten jahrtausendealter
Zivilisation,
sondern auch die Reste
der resilienten Mutter Natur
auf der schwindelerregend schnellen
Talfahrt in die übergroße Grube.

Not far from there a football pitch
on whose red gravel
many a player grazed his knees,
now already half covered
by a lush carpet of bright green.

Humans yield space,
nature advances,
reclaims what she's lost.
That's normal, isn't it?
No, it isn't.
In the no man's land
between how things used
to be and never will be again,
and things to come that shouldn't come,
nothing is 'normal'.

For more than the last remains
of hundreds or even thousands of years
of civilization will disappear.
The rest of otherwise resilient
Mother Nature will too,
on the vertiginous
slide into the oversized pit.

iii) Diesseits der Linie
   (Wanlo, Mönchengladbach, 2021)

Keine zwei Kilometer hinter
dem verlassenen rot-grünen Fußballplatz:
Perfekt gepflegter Rasen lädt mich
zum Rasten, zum notwendigen Ruhe-Finden ein.
Doch Pustekuchen! Dies makellose
Grün ist Teil eines Golfplatzes,
Fahrräder verboten.
Wohin also mit meinem Rad?
Auf den Privatparkplatz des Golfclubs
mit seinen vielen blankgeputzten SUVs,
aber zwei leeren Plätzen vor
Ladesäulen für Elektroautos?
Auch hier: Exklusivität versprechende
Verbotsschilder,
bewacht von einem Löwen
mit gierig aufgerissenem Maul.

Das gegenüberliegende Rittergut
strahlt im Licht der untergehenden Sonne
wie in frisch renovierter Pracht,
werbend mit gehobener Gastronomie
und Streichelzoo „für die kleinen Gäste".

iii) This Side of the Line
   (Wanlo, Moenchengladbach, 2021)

Less than two kilometres
behind the abandoned red-green football pitch:
Perfectly tended lawns invite
me to rest and find some peace of mind.
No chance! This immaculate green
is part of a golf course,
bikes forbidden!
So where shall I leave it?
In the private parking area
of the golf club,
with its many polished
SUVs, but empty spaces
in front of two charging stations
for electric cars?
Here too: prohibition signs,
promising exclusivity,
guarded by a greedy lion
with open jaws.

The country club opposite
is sparkling in the light
of the setting sun –
looking grandly renovated,
advertising upmarket gastronomy
and a petting zoo 'for the little guests'.

Doch Schreck lass nach!
Wenn sich nichts ändert,
sind die eifrigen alten Golfer
und die lieben lärmenden kleinen Gäste
bald weniger fröhlich hier,

weil der Staub,
aufsteigend aus der übergroßen Grube,
das saftige Golfplatzgrün,
die Tische, Stühle, Schirme
der Außengastronomie
sowie die Rücken der Streichelzootiere
wie mit feinem Puder bedecken,
zum Verblassen bringen wird.
Allein der Löwe wird die Veränderung
nicht bemerken,
ist er doch aus grauem Stein,
ungerührt und unflexibel
wie die Dompteure der übergroßen,
bösen Raupe Nimmersatt.

But oh what a shock!
If nothing changes,
the zealous old golfers
and the dear roistering little guests
will soon be less joyful here

because the pale, powdery dust
rising from the oversized pit
will cover the lush green of the golf course,
the tables, chairs, sunshades
of the outdoor gastronomy,
not to forget the backs of the animals
in the petting zoo.
Only the lion won't
notice the change,
being made of grey stone,
unmoved and inflexible
like the tamers
of the oversized
Very Hungry Caterpillar.***

***The Very Hungry Caterpillar by Eric Carle is a very popular German children's book, also quite popular in various translations.

II.

PROSA / PROSE
2022

DER GERETTETE BAUERNHOF

Ein modernes Märchen über die vom Tagebau Garzweiler II bedrohten Bauernhöfe unserer Heimat

Es war einmal ein alter Bauernhof im Erkelenzer Land. Ihr mögt jetzt denken, ein Bauernhof sei etwas ganz Alltägliches und nicht der Rede wert. Aber nein, denn schon jedes normale alte Haus besitzt eine Seele. Ein ganzer Bauernhof hingegen beherbergt viele Geschöpfe, große und kleine. Von daher besitzt er viele Seelen – und viele Leben. Zudem lag dieser Bauernhof inmitten des fruchtbarsten Ackerlandes. Aber das schien alles nichts zu nützen: Der Bauernhof und das seit vielen Jahrhunderten bewirtschaftete Land um ihn herum befanden sich in größter Gefahr.
Wie kann das sein, mögt ihr denken? Nun, der Bauernhof war zwar groß und alt und außerdem sehr gut in Stand gehalten. Er wurde aber von gewaltigen, fossilen Mächten bedroht: Den Schaufelradbaggern. Diese hatten sich über Jahrzehnte scheinbar unaufhaltsam dem schönen Bauernhof genähert. Trotz aller Bemühungen hatte sie niemand aufhalten können. Doch eines Tages geschah das völlig Unerwartete: Als sich die Baggerführer mit ihren übergroßen Vernichtungsapparaten dem Bauernhof bis auf Sichtweite genähert hatten, hielten sie einen Moment inne. Es ist wirklich sehr schwer zu erklären. Ich würde euch gerne sagen, dass sie sich anschauten, sich miteinander berieten. Aber das war bei der Entfernung zwischen ihnen gar nicht möglich.
Auf jeden Fall stoppten sie ihre Schaufelradbagger. Nicht ein einziges Gram Kohle konnten sie mehr aufnehmen. Die Baggerführer verließen ihre Kabinen, streckten ihre steifgewordenen Glieder und begannen zielgerichtet zu gehen. Sie gingen durch ihren gigantischen, staubigen „Arbeitsplatz" hindurch und ließen die Köpfe hängen. Sie hatten das unvorstellbar riesige Loch, das ihr Arbeitsplatz war, noch nie zu Fuß durchquert. Es sah aus wie eine Wüste. Mit großer Anstrengung kletterten sie den steilen Abhang am Rand des Lochs hinauf. Immer wieder

THE FARM THAT WE SAVED

A modern fairytale in support of the farms in our region threatened by the open surface mining

There is a very old farm in the middle of my homeland. You may think it is just any old farmhouse, any old farm. But, no. Apart from the fact that every old house possesses a soul and every old farm, harbouring so many creatures, big and small, has many souls and many lives, this old farm was in perfect condition and a model of cleanliness and fresh colours. What is more, it was situated in the middle of the most fruitful farmland. Nevertheless, this farm was in imminent danger of being destroyed, erased from the centuries-old farmland, which, in turn, would also disappear.

The reason for the planning of this heinous crime was the wheel bucket excavators. They were creeping nearer and nearer to the farm, to all the humans, to all the animals, to all the plants on it. When they were close enough to see it, the excavator operators, from their eyries, spied upon everything that lived and breathed on the old farm, and they viewed the beautiful buildings and well-tended fields as well. Now something very strange and hitherto unknown in the history of wheel bucket operators happened. It is difficult to explain. I would love to say that the three operators talked to each other first, or looked at each other, at least. But that would have been impossible. They were too far apart on their huge, devilish machines.

In any case, they all stopped their machines. Not a single gram of coal, or soil, could be harvested by their excavators anymore. Then they got down from their cabins, stretched their stiff legs and started walking. Walking! Walking through the huge dustbowl that was their workplace. They had never walked any length of way through it before. And they saw that it looked like a desert. Laboriously, they struggled to climb the steep slope and almost despaired – for the slope was slippery, and they could no longer see the beautiful farmhouse.

rutschten sie ab und wären fast verzweifelt, denn sie konnten das schöne Bauernhaus nicht mehr sehen. Doch als sie es geschafft hatten, erkannten sie einander und lächelten sich gegenseitig ermunternd zu. Mit festem Schritt gingen sie beschwingt weiter. Schon bald konnten sie Einzelheiten des wohl gepflegten Bauernhofes erkennen: Die goldenen Weizenfelder, die hohen Bäume, die das Bauernhaus umringten, die Scheune und die übrigen Gebäude.

„Seht euch das an", rief einer von ihnen aus, „das ist ein Teich voller Enten!"

Bevor sie sich daran satt gesehen hatten, teilte einer den anderen lautstark mit: „Sie haben auch Hirsche und Rehe hier. Da drüben grasen sie ganz friedlich auf einer Wiese!"

Sie wollten ungeduldig voranschreiten, um weitere Wunder des Bauernhofes zu erkunden, als der dritte Mann, der in der Mitte ging, seine Arme ausbreitete, um die anderen zu stoppen. In der einsetzenden Dämmerung hatten die anderen nicht bemerkt, dass vor ihnen auf dem Weg ein Pfau stand. Er schien die Männer zu beäugen. Dann drehte er sich um und öffnete seinen majestätischen Fächer.

Angesichts dieser Schönheit des ganzen Bauernhofs, des Pfaus, des Dammwilds, des Waldes, brachten die Baggerführer es natürlich nicht übers Herz, diesen wunderschönen Bauernhof zu vernichten. Sie redeten mit ihren Chefs und gemeinsam zerstörten sie stattdessen die großen Schaufelradbagger.

Wie, ihr glaubt mir nicht? Dann kommt selbst einmal in die vom Tagebau bedrohten Gebiete. Ich zeige euch gleich mehrere solcher schönen Bauernhöfe.

But, against the wind, which was so much stronger in that oversized pit than anywhere else, they finally made it. As they drew nearer, they could make out all the beautiful details of the old, well-maintained farm: The golden wheat fields, the tall trees surrounding the farmhouse and the outbuildings and they found their tongues again:

"Look," one of them cried, "There's a pond full of ducks!"

Before they could marvel at the pond, another one exclaimed, "Lots of deer, too. Over there, a stag is grazing with the does!"

They were about to hurry on to see what other wonders the farm had to offer, when the third man spread his arms out to stop his colleagues on either side of him. They halted abruptly. Before them stood a peacock. It looked at them briefly, then turned and opened its majestic fan.

In the face of such beauty, the peacock, the deer, the woods, the operators of the bucket wheel excavators could not bear to destroy the old farm. They talked to their bosses, and together they destroyed the bucket wheel excavators instead.

You don't believe me? Then visit our area, which is threatened by the open pit mining. I'll show you several of these beautiful farms.

ES BRAUCHT EIN
GANZE OBSTWIESE

Am Ortsausgang in Keyenberg Richtung „große Grube" des Tagebaus Garzweiler II befindet sich auf der linken Seite eine ganz besondere Wiese mit Obstbäumen. Als ich die Apfelbäume sah, musste ich sofort an folgendes Zitat denken:

Wenn ich wüsste, dass morgen die Welt unterginge, würde ich heute ein Apfelbäumchen pflanzen.

Dieses Zitat wird Martin Luther zugeschrieben, obwohl die Quellenlage wohl ganz und gar nicht eindeutig ist: Der erste schriftliche Nachweis dieses Satzes findet sich erst 1944! Dennoch: Martin Luther liebte es, sich in seiner Freizeit in Gärten aufzuhalten, um sich an Bäumen und Blumen zu erfreuen. Immerhin steht ja in der Lutherbibel als Übersetzung von Genesis Kapitel zwei, Vers fünfzehn: „*Und Gott der Herr nahm den Menschen und setzte ihn in den Garten Eden, dass er ihn bebaute und bewachte.*"

Heute würde Luther vielleicht mit all seiner rhetorischen Kraft für den Erhalt der Natur eintreten. Das ist zumindest gut möglich. Aber wer weiß? Wir können das Zitat als – paradoxe – Aufforderung zum Umweltschutz und zum Erhalt von Gottes guter Schöpfung verstehen. Was wir nicht dürfen ist, es damit bewenden lassen. *Wir* müssen uns jetzt mit allen friedlichen Mitteln, die uns zur Verfügung stehen und die wir uns kreativ erarbeiten müssen, gegen den Untergang unserer Heimat, unserer Umwelt, stemmen.

IT TAKES A WHOLE ORCHARD

On the left side of the village exit of Keyenberg, a part of Erkelenz that is scheduled to disappear in the coming years because of Germany's biggest lignite opencast mine, there is a very special orchard. When I saw the apple trees there for the first time I was immediately reminded of the following quotation:

Wenn ich wüßte, dass morgen die Welt unterginge, würde ich heute ein Apfelbäumchen pflanzen.
Usually translated as:
If I knew that tomorrow the world would end, I would still plant an apple tree today.

This statement is often attributed to Martin Luther, although the earliest record can only be found in 1944. Nevertheless: Martin Luther loved spending his free time in gardens, he delighted in trees and flowers. In any case, he translated Genesis, Chapter 2, verse 15 as:
Und Gott der Herr nahm den Menschen und setzte ihn in den Garten Eden, dass er ihn bebaue und bewache.

That corresponds to the *New Living Translation*:
The Lord God took the man and put him in the Garden of Eden to tend and watch over it.

Today Luther might use his considerable rhetorical skills to fight for the preservation of Nature. This is at least conceivable. Who knows? We have every right to take this last quotation as a call to preserve God's good creation. We have no right, however, to leave it at that. *We* must employ all of our creativity and peaceful resources to prevent the destruction of our homeland, our environment.

Die Solidargemeinschaft *Menschenrecht vor Bergrecht*, die diese Wiese angelegt hat, hat einen starken Anfang gemacht. *Ein* Apfelbäumchen reicht nicht aus. Sie haben eine ganze Reihe ganz besonderer Obstbäume gepflanzt, vielleicht frei nach dem Motto:

Weil ich weiß, dass morgen meine Heimat abgebaggert werden soll und das Klima der ganzen Welt auf der Kippe steht, pflanze ich heute eine ganze Obstwiese.

The solidarity group *Menschenrecht vor Bergrecht* (human rights before mining rights), which created this garden, has made a good start. *One* little apple tree is not enough. They have planted a number of very rare fruit trees, fruit trees that have stood the test of time, maybe according to the motto:

Because open-pit mining is threatening to destroy our homeland and the climate of the entire world is at stake, we have planted an entire orchard.

ZUR ZEIT DER ABFASSUNG
(4. Juli 2022)

Circa 23 Jahre nachdem ich das erste Gedicht zum Thema „Braunkoh-letagebau" schrieb, knapp ein Jahr, nachdem ich mit der Ausarbeitung des Gedichts „Das Kreuz nahe der Abbaukante" den Zyklus der neuesten Texte eröffnete, bin ich auf der x-ten Fahrradtour durch die bedrohte Heimat unterwegs. Viele der Dörfer, Felder und Wälder, die ich damals oft besuchte, sind längst verschwunden. Straßen sind zig-mal verlegt, abgebaggert oder neu gebaut worden. Die Autobahn A 61 hat ebenfalls ihren Verlauf ungezählte Male geändert. Jetzt führt sie an einer langgezogenen Kurve so nahe an dem riesigen Loch des Tagebaus vorbei, dass die dadurch auftretenden Winde eine Gefahr für den Straßenverkehr darstellen; besonders für LKW und Wohnmobile, wie mir Fahrer*innen bestätigt haben.

Anders als vor 23 Jahren haben viele der alten Bauernhöfe Solarpanelen auf ihren Dächern, drehen sich riesige Windräder schnell in der heißen Sommerluft. Davor: Wachsende Weizenfelder, Brot verheißend, das die Welt dringender denn je braucht. Dahinter: Der Tagebau, der all das Alte und all das Neue gnadenlos zu verschlingen droht. Allen Protestveranstaltungen und Fernsehinterviews von Klimaaktivist*innen zum Trotz.

Wieder zu Hause und frisch geduscht sitze ich vor dem Fernseher und sehe: Bilder des brutalen und blutigen Krieges in der Ukraine; blockierte Frachtschiffe mit Bergen von Weizen. All der schlechten Nachrichten überdrüssig, frage ich mich: Was hält die Zukunft für uns bereit – für die Welt, für Europa, für unsere Region?

AT THE TIME OF WRITING
(4th July 2022)

About 23 years after writing the first poem on this topic, less than a year after the composition of the poem "The Cross Near the Edge" initiated the latest cycle of poems, I am on the umpteenth bike tour through the endangered villages and fields. Many of the villages, fields and woods that I often visited many years ago have disappeared. Roads have been moved, destroyed or rebuilt since then. The motorway A 61 has changed its course countless times. Now a long curve of this motorway is located so close to the open pit that the resulting winds are a danger to traffic, the wind being especially precarious for trucks and motorhomes, as some drivers have confirmed.

What is different from 23 years ago is that many old farmhouses have solar panels on their roofs and huge wind turbines are moving fast in the hot summer air. In front of them: Growing wheat fields, promising bread that is needed more urgently than ever. Behind it: The open pit, threatening to devour all the old and all the new, mercilessly. Despite all the protest marches and TV interviews with climate activists.

Back again, fresh from the shower, I am sitting in front of the TV watching pictures of the brutal and bloody war in the Ukraine, blocked cargo ships with large quantities of wheat. Tired of all the bad news, I wonder what the future holds for the world, for Europe, for my region.

NRW hat einen neuen Landtag gewählt und die beiden siegreichen Parteien haben in ihrem Koalitionsvertrag endlich präziser formuliert, wie eine bessere Klimapolitik aussehen soll und was diese für die bedrohte Region unserer Heimat bedeuten wird. Am Kohleausstieg 2030 wird trotz der zu befürchtenden Engpässe bei der Energieversorgung festgehalten. Sehr positiv ist zu bewerten, dass die neue und endgültige Leitentscheidung nicht erst 2026, sondern „sehr bald" getroffen werden soll. Positiv ist auch die Einigung von CDU und Grüne auf den Erhalt der bedrohten Dörfer Keyenberg, Unter- und Oberwestrich, Berverath und Kuckum. Aber: Das Schicksal der Bauernhöfe in der Nähe von Holzweiler wird gar nicht erst thematisiert. Zudem fehlt das Dorf Lützerath in dieser Aufzählung. Die Politik schweigt dazu, die Gerichte haben sich gegen den Erhalt entschieden. Das endgültige Gerichtsurteil über diesen kleinen Ort, der direkt an der Tagebaugrenze liegt, ist längst gesprochen. (Der letzte Landwirt hat seinen Hof verlassen.) Aber diverse Bündnisse und Aktionsgruppen wollen nicht aufgeben.

Die Aktivist*innen gehören den unterschiedlichsten Gruppen an – von linksradikal bis christlich motiviert und gewaltfrei. Doch man täusche sich nicht: Unter ihnen befinden sich sehr viele, die sich einer Räumungsaktion vor Ort widersetzen wollen. Daher bleiben wichtige Fragen offen: Werden die nächsten Proteste dort ähnlich bunt und friedlich verlaufen wie die letzten?

Kommt es bald zur Räumung der besetzten Häuser und Grundstücke? Wahrscheinlicher Termin dafür ist der Herbst 2022. Sicher ist nichts, ausgeschlossen ist aber auch nichts – nicht einmal die wunderbare Rettung von Lützerath.

The state of North Rhine Westphalia has a new government, a coalition of the Christian Democrats (CDU) and the Green Party. They have declared that a new and final lead decision concerning our area must be reached "very soon". The end of coal mining is definitely scheduled for 2030 now, despite the problems with the Russian imports of gas, coal and oil. More good news: they guarantee the preservation of the villages Keyenberg, Unter- and Oberwestrich, Berverath and Kuckum. Yet not all the news is good: Lützerath is missing on the list. Furthermore, the destiny of the farms near Holzweiler is not even mentioned. The same goes for Lützerath. The politicians of all parties remain silent, while the courts have reached the final negative verdict on this small village, which is located directly near the open mining pit. The last farmer has left, but not the activists.

The activists belong to a great variety of groups, from very left wing and radical to Christian with a clear pledge to non-violence. Yet make no mistake: The great majority of all groups is determined to oppose any eviction action. Therefore, some important questions remain: Will the coming protests be as colourful and peaceful as the last ones?

Will the occupied houses and plots of land be evicted soon? The general assumption is that the eviction will not take place before the autumn of 2022. Yet nothing is certain or excluded at the time of writing – not even the miraculous rescue of Lützerath.

III.

GEDICHTE
POEMS
2023 - 2024

DAS NEUE KREUZ DES ANSTOßES

i)

Ein schlichtes Holzkreuz mahnt mich
mit den immer geltenden Worten:
„Ecce homo –
siehe den Menschen."
Ich trete ein in
die kleine freundlich-helle Kirche,
die keine Kirche mehr sein darf –
verlassen, dem Untergang geweiht
von kirchlichen Würdenträgern,
doch hingebungsvoll gepflegt
von den ,einfachen' Gläubigen,
dem Gottesvolk vor Ort.
Ich knie nieder,
spreche ein ,Vater unser'
und bin sicher:
Mein Gebet wird hier
vom verlassenen Messias auf Golgotha
viel lieber erhört
als die Gebete in den vergoldeten Kathedralen
der Mammon-hörigen Welt.

ii)

Vorbei an vielen Wegkreuzen,
einst Orte der Bittgebete

THE NEW CROSS OF OFFENCE

i)

A plain wooden cross admonishes me
with the eternally valid words:
"Ecce homo –
behold the man."
I enter the small,
friendly-bright church
that is not allowed to be a church any longer –
deserted, doomed to destruction
by ecclesiastical dignitaries,
but devotedly cared for
by the 'ordinary' believers,
the Christians on site.
I kneel down,
pray an 'Our Father'
and I am sure:
My prayer here will be better received
by the forsaken Messiah on Golgotha
than prayers are in the gilded cathedrals
in the world of mammon.

ii)

Passing crosses on the way,
former places of supplication

unserer Mütter und Väter,
geht meine Fahrradtour hin
zum neuen Kreuz des Anstoßes,
einem temporären Kreuz
hinter den letzten Mahnwachen von Lützerath,
hinter dem Ende der bewohnbaren Welt.
Ein einsames Kreuz
aus dem gelb gestrichenen Holz
des Protests für den Erhalt unserer Dörfer –
illegal, aber legitim errichtet
im weichen Sand
des knallhart kalkulierten Tagebaus;
anstößig wie unzählige Kreuze
in über 2000 Jahren
durchkreuzter Chancen gottgewollter
Mitmenschlichkeit.
Verspottet, verleumdet, vorverurteilt
als Symbol der weltfremden Aktivist*innen
von den Reichen und Mächtigen
in den fossilen Tempeln
des Raubtierkapitalismus.
Bestaunt von den Enteigneten
und Entrechteten:
„Ecce creatio dei –
siehe Gottes Schöpfung",
die hier und heute gekreuzigt wird.

for our mothers and fathers,
my bike tour goes on to
the new cross of offence,
a temporary cross
behind the last vigils of Lützerath,
behind the end of the habitable world.
A lonely cross
made of wood painted yellow
from the protests for the conservation of our villages –
illegally, but legitimately erected
in the soft sand
of the hard-calculated open-cast mine;
offensive like innumerable crosses
in the past 2,000 years,
crossed out opportunities
for God-given humanity.
Mocked, slandered, prejudged
as the symbol of the unworldly activists
by the rich and the powerful
in the fossil temples
of predatory capitalism;
marvelled at by the dispossessed and disenfranchised:
"Ecce creatio dei –
behold God's creation",
which is being crucified
here and now.

DAS GESCHLEUDERTE WORT

Sein Name ist nicht David.
Sein Gegner ist nicht Goliath.
So simpel ist es nicht.
Er hat keine Schleuder,
hat keinen großen Stein.
Er schleudert nur ein Wort:
Nein!
Damit kein Quadratmeter unserer Stadt
von nun an mehr verschlungen wird -
wie ein kleines Lamm
von einem Rudel raubgieriger Löwen –
vom Schaufelradbagger,
einem Monster von einem Wort,
einem Monster von einer Maschine.

Dieses Wort – Nein –
stößt überall an,
wird zum Querschläger
in der gut geschmierten Maschinerie
von Strom- und Wirtschaftsriesen,
und angeblich politischen Größen.
Mal sehen, wen oder was
es noch alles trifft.

THE CATAPULTED WORD

His name is not David.
His adversary isn't Goliath.
He has no slingshot,
no big stone.
He catapulted only one word:
No!
So that from now on no square metre
of our little town
may fall victim to
the bucket wheel excavator,
this monster of a word,
this monster of a machine.

But his word ricochets
in the well-oiled machinery
of electricity and economic giants
and the supposed great and good of politics
Let's wait and see who or what
it will hit next.

DER WENDEKREIS EINES SCHAUFELRADBAGGERS

„Lasst sie im Boden", sagt eine berühmte Klimaaktivistin aus Schweden
über Lützeraths nun weltberüchtigte Kohle,
während dieses Monster von einem Wort,
dieses Monster von einer Maschine,
der gigantische Schaufelradbagger
sein Drachenhaupt erhebt
über der Kante des teuflisch langen und tiefen Tagebaus.

Das Monster wirft einen bleibenden Schatten
über die Kinder des Klima-Endspiels,
die Leib und Leben riskieren,
ganz zu schweigen von strafrechtlicher Verfolgung,
im nutzlosen Versuch, den CO2-Wahnsinn
einer sogenannten „grünen" Regierung zu stoppen.

Natürlich könnten sie die Kohle im Boden lassen!
Aber der Schaufelradbagger müsste verlegt werden.
Und könnt ihr euch die Kosten vorstellen,
um dieses Biest von einem Fahrzeug zu wenden?

THE TURNING CIRCLE OF A
BUCKET WHEEL EXCAVATOR

"leave it in the ground," a famous activist from Sweden
says about Luetzerath's now world infamous coal
while this monster of a word, this monster of a machine
the gigantic wheel bucket excavator
is rearing its dragon head
over the edge of its devilishly long and deep pit

the monster's casting a lasting shadow
over the children of the end game for the climate
who are risking life and limb
not to mention imminent law enforcement
in a useless attempt to stop the CO_2 madness
of a so-called green government

of course, they could leave
the coal in the ground
but the bucket wheel excavator
would have to go to another place
and can you imagine the costs
of turning this beast of a vehicle around?

RAUBTIERE

Ein grauer, trostloser Wintertag -
auf einem „Vorfahrt gewähren!" Schild
sitzt ein verwirrter Raubvogel,
die zurückweichenden Aktivisten,
die vorrückende Polizei,
die stationäre Security
Mannschaft von RWE beobachtend.
Hinter ihnen allen liegt
die offene Wunde
des Tagebaus Garzweiler II.

Wenn der Mäusebussard
bloß sprechen könnte!
Er könnte uns allen sagen:
„Kenn' ich alles, Leute.
Glaubt mir, da gibt es
absolut nichts zu holen,
in diesem Loch ist
alles mehr als tot -
und sein Anblick
lässt euch das Blut
in den Adern gefrieren."
Und das meint er wörtlich!

Aber was weiß denn so
ein Bussard, ein kleiner Raubvogel, schon?

Er ist doch nur ein
kleines Raubtier.
Im Gegensatz zu uns Menschen.

PREDATORS

a grey, dismal winter's day,
on a signpost sits
a bewildered bird of prey
watching retreating activists,
advancing police, stationary security
staff of the mining company –
behind them lies the open wound
of the open-pit lignite mine

if only the buzzard could speak,
it could tell them all,
"been there, done that,
believe me, folks,
there's absolutely nothing
to be had there
in this hole to end all holes,
it's deader than dead
and the sight of it
chills you to the bone."
And he means that literally!

but what does the buzzard,
this little bird of prey, know –
compared to us humans,
it's only a small predator.

DEMNÄCHST NICHT IM KINO

Sommer 2023: „Transformers 7.0: Aufstieg der Bestien" –
wieder ein todsicherer Kinohit, ein epischer Kampf
intelligente Maschine gegen intelligente Maschine,
starke Böse gegen stärkere Gute.
„Die Moral von der Geschicht'"
kapieren die Popcorn-Maxi-Combo Esser
Und XXL-Coca-Cola Trinker
trotz des heutigen zermürbenden Arbeitstages
und der späten Stunde
schon in der ersten Szene,
bevor sie diese nach dem Abspann
zufrieden rülpsend wieder vergessen,
wenn der dunkle Kinosaal
in ihrem Einweg-Müll versinkt.

Transformers in Erkelenz?
Transformation auch draußen auf dem Land.
Die alltäglichen Transformer
unseres fruchtbaren Ackerbodens,
die über 12.000-Tonnen schweren
Anti-Helden-Maschinen,
langsame aber unbesiegbare Monster,
fressen sich genüsslich durch
die Dörfer, Felder, Wälder
unserer bedrohten Heimat.
Welcher Akt, welche Szene
der Umwelttragödie ist das wohl?

NOT COMING TO THE CINEMA SOON

Summer 2023: "Transformers 7.0 –
Rise of the Beasts",
another surefire cinema hit, an epic fight
intelligent machine versus intelligent machine,
tough evil ones versus tougher good ones.
The moral of the story is understood
by the consumers of the maxi popcorn combo
and XXL Coca-Cola
despite the stressful workday
and the late hour
as early as the first scene
before they forget it again,
burping contentedly,
after the credits of the film
when the dark cinema hall
is flooded by their disposable rubbish.

Transformers in Erkelenz?
Transformation takes place in the countryside.
The ordinary transformers
of our fertile soil,
the 12,000-ton antihero machines,
slow but invincible monsters,
devour with relish
the villages, fields, forests
of our threatened homeland.
Which act, which scene
of the environmental tragedy
is that supposed to be?

Die nicht-künstliche Intelligenz
hinter den Klima-Killern
hat es längst vergessen,
kollektive Amnesie durch Boni-/Börsenrausch,
Aber wir haben es uns auch
nicht genug bewusst gemacht.

Uns fehlen Nicht-Kino-Heldinnen und –Helden. –
Ein Hirtenjunge mit einer Steinschleuder,
schön wie ein Adonis?
Ein kauziger Romantiker mit Pferd und Lanze?
Ein Öko-Waldbewohner mit Kapuze,
Pfeil und Bogen?
Eine barbusige Frau, die im Getümmel
der Schlacht eine Nationalflagge schwenkt?
Allesamt ungeeignet!
Die nationalen, die internationalen
Aktivistinnen und Aktivisten
sind längst weitergezogen.
Uns bleiben nur lokale
Heldinnen und Helden.
Doch deren Ideen, deren Geschichten
taugen nicht für Großleinwände –
oder eines Tages doch?

The non-artificial intelligence
behind the climate killers
has long been forgotten,
collective amnesia through
bonuses and stock market frenzy.
But we have not realized it enough either.

We lack real-life heroes and heroines. –
A shepherd boy with a slingshot,
as beautiful as Adonis?
An oddball romantic with a horse and a lance?
An eco-forest dweller with a hood,
bow and arrow?
A bare-breasted woman,
waving a national flag in the heat of battle?
All unsuitable!
The national, the international activists
have moved on long ago.
What remains are only
local heroes and heroines.
But their ideas, their stories
are no good for the big screen –
or will they be one day?

NACHDENKLICHE KINDER
IN KEYENBERG

Ein sonniger Herbstmorgen an der Grundschule Keyenberg,
der Schulhof endlich wieder erfüllt von hellen Kinderstimmen,
doch die Pause findet kein Ende.
Flüchtlingskinder laufen, raufen, spielen hier,
vor ihrer zeitweiligen Zufluchtsstätte –
für sie ist noch kein Platz an einer richtigen Schule.
Sie lernen, sie lernen ja während ihrer ganzen Kinderzeit,
aber momentan nur von den Wandgemälden hier:
Wie rot die Äpfel am herbstlichen Baum!
Wie groß, wie modern die Traktoren!
Das verstehen sie buchstäblich von selbst.
Bloß warum die meisten Bewohner
dieses wunderschöne Dorf verlassen haben,
können sie nicht begreifen.
Darüber können die Kinder des Krieges,
der Verfolgung, der Not
nicht aufhören nachzudenken.

THOUGHTFUL KIDS
IN KEYENBERG

A sunny autumn morning at
Keyenberg primary school,
the schoolyard filled with bright children's voices again,
but the break knows no end.
Refugee kids are running, scuffling, playing here
in front of their temporary sanctuary –
there's no place for them at a regular school yet.
They learn, of course, they learn throughout their childhood,
but only from the murals here:
How red the apples on the autumnal tree!
How big, how modern the tractors!
These things they understand by themselves.
But why most of its inhabitants
have left this beautiful old village
is beyond them,
is something the children of war, persecution
and hardship can't stop wondering about.

SCHLAFLIED FÜR EIN VERSCHWUNDENES DORF

Ruhe sanft in unseren Träumen, Alt Immerath;
du freundliches, außerordentlich ordentliches Dorf.
Dein Anblick galt uns als alltäglich.
Das war ein großer Irrtum. Verzeihe uns!
Du hattest alles, was das Herz begehrt:
In der Eintracht von Kaisersaal, Krankenhaus,
Kloster und zum „Dom" geadelter Kirche.
Du hattest Vieles,
selbst in der Zwietracht von Rheinbraun-Gegnern,
Rheinbraun-Arbeitern und –Befürwortern.
Denn wir kamen trotz aller Gegensätze
immer wieder zusammen
in deinen Geschäften, beim Arzt, Bäcker oder Apotheker,
an Sankt Martin, Sankt Nikolaus, Weihnachten
und Sonntagen im Osterkreis –
kurzum zu normalen Zeiten
und zu den Hoch-Zeiten des Lebens.

Ruhe unsanft in den Träumen deiner Zerstörer.
Denn sie wussten, was sie taten,
was sie angetan haben deinen Fans und Freunden,

deiner Geschichte, unserer Mutter Natur.
Für sie sei dies kein Wiegenlied,
sondern ein Weckruf.
Doch du, Alt Immerath,
ruhe sanft in der Gewissheit:
Du bist, du wirst nicht vergessen.

LULLABY FOR A VANISHED VILLAGE

Rest in peace in our dreams,
Old Immerath,
you were a friendly village.
The sight of you we thought commonplace.
That was a grave mistake. Forgive us!
You had everything the heart desired –
in the harmony of your 'imperial hall',
hospital, monastery and a church
ennobled as 'cathedral'.
You had many sides,
even in the discord of Rheinbraun
opponents, Rheinbraun workers
and Rheinbraun supporters.
We came together time and again
despite our differences –
in your shops, at the doctor's,
chemist's or baker's,
on the day of Saint Martin, or Saint Nicolas,
at Christmas, Easter, every other Sunday, too.

Do not rest in peace
in the dreams of your destroyers,
for they knew full well
what they were doing
to your fans and friends,

to your history, to our Mother Nature.
Let this be, not a lullaby, but
a wake-up call.
And you, Old Immerath,
may rest assured:
You are not and will not be forgotten.

ANHANG/APPENDIX

NACHWORT

von Prof. Dr. Stephen Alomes

Der Dichter antwortet auf bedrohliche Zeiten

In einer sich verändernden Welt werden wir überwältigt von den verschiedenartigsten Ereignissen. Viele von ihnen beinhalten eine technologische Veränderung in unseren persönlichen digitalen Welten, verbunden mit größeren Strukturen, die zuerst auf unseren Bildschirmen entdeckt werden – Veränderungen, die national und global sind. Wie viele von uns während der Pandemie wiederentdeckt haben, betrifft uns jedoch unsere direkte Umgebung mehr. Wir können uns sehr gut identifizieren mit unserer Wohngegend, den Feldern und den Gemeinschaften, in denen wir leben – in der Vergangenheit sowie in der Gegenwart.

Während wir versucht sind nur noch auf das globale Ganze zu schauen – wie zum Beispiel den Klimawandel, die steigenden Temperaturen und die Weltmeere – führt uns Frank Joussen mit „Das verschwindende Land" zurück zu dem, was wir lokal erfahren, zur Bedrohung durch den Rheinischen Brauntagebau Garzweiler II.
Während wir uns darauf fokussieren „die Welt zu retten", führt er uns auf einer persönlichen Reise zurück zu einer Welt, die wir traurigerweise schon fast verloren haben.

Die heutige Erfahrung ist häufig eine Erfahrung des „Verlustes", die Erfahrung eines „verschwindenden Landes" – für viele von uns im metaphorischen, in seinen Gedichten jedoch im wörtlichen Sinne. Der engagierte Dichter erkennt ein „Geisterdorf" und die Gerippe der Vergangenheit, nachdem das Dorf von einer monströsen Maschine überrollt worden ist.

By Prof. Dr. Stephen Alomes

The Poet Responds to Threatening Times

In a changing world, we can become overwhelmed by multiple events. Many of them involve everyday technological change in our immediate digital worlds accompanied by larger patterns, first discovered on our screens, changes that are national and global.
However, as many of us have rediscovered during the pandemic, our immediate worlds matter more. We relate deeply to our streets, our neighbourhoods and fields, and our communities, in past as well as present time.

While we are tempted to think only of global big pictures, such as climate change, rising temperatures and the oceans, in "The Disappearing Countryside" Frank Joussen takes us back to the local experience, the threat from the Rhenish Mining Area Garzweiler II.

As we may focus on 'saving the world', he takes us back in a personal journey to a world we are, sadly, already in danger of losing.
For many of us metaphorically, in his poems literally, the story of today is frequently one of loss, of a "disappearing countryside". The engaged poet recognizes a ghost town and the skeletons of the past, after the village has been run over by a monstrous machine.

Dieser mechanische Dinosaurier verewigt das Schlechteste der Industriellen Revolution, aus der er hervorging – „ein Schaufelradbagger – ein Monster von einem Wort und ein Monster von einer Maschine."

Während wir im digitalen Zeitalter dazu ermuntert werden, Veränderung als eine Chance sowohl zur Kreativität als auch zum Wohlstand zu verstehen, sind die Dinge tatsächlich komplizierter.
Über ein Jahrhundert nach der Katastrophe des Ersten Weltkrieges, nicht zu vergessen die größeren Gräuel und Zerstörungen des Zweiten Weltkrieges. auch in diesem Teil Deutschlands, müssen wir erkennen, dass nicht alles Fortschritt ist. Dabei hat uns die Pandemie neu entdecken lassen, wo unser „Platz vor Ort" ist.

Ob man nun mit „Niemandsland" Menschen und zerstörte Orte meint, wie in diesen Gedichten, oder einfach Traditionen, die von Veränderungen ausgehöhlt worden sind: Wir alle müssen Bedrohungen und Ungewissheiten ins Auge sehen. Als Australier, der stark betroffen ist von Kohlegruben, Fracking, Waldbränden und Abholzung, während die Temperaturen steigen und das Große Barrier Riff vom Sterben bedroht ist, kann ich diese lokale Horrorgeschichte nachempfinden.
In dieser Situation ist Frank Joussen, als engagierter Dichter – oder um es mit William Blake, dem Dichter der englischen Romantik, zu sagen: als *poet militant*, als ein kämpferischer Dichter – ein Anführer, der zum guten Kampf gegen die heutigen Monster ermutigt, ob diese nun menschlicher oder mechanischer Art sind. Professor Dr. Stephen Alomes

RMIT Universität, Melbourne, Australien
Seine letzte Veröffentlichung ist: Our Pandemic Zeitgeist, eine poetische Völkerkunde unser Covid-19 Zeit, veröffentlicht von Ginniderra Press, Port Adelaide 2020.

This mechanical dinosaur perpetuates the worst of the Industrial Revolution, from which it sprang – "a bucket wheel excavator ...a monster of a term and a monster of a machine".

While in the digital era we have been encouraged to embrace change, as an open window to creativity, as well as prosperity, things are actually more complicated.

Over a century after the first great cataclysm of the Great War, not forgetting the greater horrors and destruction of the Second World War, including in this part of Germany, and as the pandemic makes us happily rediscover our local place, we must realize that not everything is 'progress'.

Whether the no man's land involves people and place destroyed, as in these poems, or more simply traditions eroded by change, we all face threats and uncertainties.

Writing from an Australia threatened by coal mines, fracking, bush fires and forest clearance, as temperatures rise and the Great Barrier Reef is endangered, I can relate to this local horror story.
In these situations, Frank Joussen as the engaged poet, to use the polite English usage, the 'poet militant', after the romantic poet William Blake, is a leader, encouraging the good fight against today's monsters, human and mechanical.

Professor Dr. Stephen Alomes
RMIT University, Melbourne, Australia
His latest publications include Our Pandemic Zeitgeist, a poetic ethnography of our Covid-19 times, published by Ginniderra Press, Port Adelaide in 202

KURZBIOGRAFIE:
FRANK JOUSSEN

Frank Joussen ist ein ehemaliger Lehrer. In seiner Freizeit betätigt er sich als Schriftsteller, Übersetzer und Herausgeber. Seine Buchpublikationen umfassen zwei Gedichtbände, wovon einer eine bilinguale Kooperation mit der rumänischen Dichterin Ana Cicio ist. Er hat außerdem zwei internationale englischsprachige Anthologien von Gedichten und Kurzgeschichten in Indien mitherausgegeben. Eine deutschsprachige Anthologie von Familiengeschichten, *Kleinkrieg und Frieden*, hat er zusammen mit Frau D.C. Hubbard herausgegeben. Die meisten der Texte hatten sie und er zuvor aus dem Englischen übersetzt.

Seine Gedichte, Kurzgeschichten, Rezensionen und Essays wurden in einer Reihe von Literaturmagazinen und Anthologien in Australien, Großbritannien, Irland, Deutschland, Rumänien, Malta, den U.S.A., Kanada, Indien, China, Thailand und Japan veröffentlicht; einige von ihnen wurden ins Deutsche, Rumänische, Hindi und ins Chinesische übersetzt.

Er begann über die von den Tagebauen „Garzweiler I" und „Garzweiler II" bedrohten Gebiete und ihre Bewohner zu schreiben, nachdem er mit seiner Familie im Jahr 1990 nach Erkelenz gezogen war. Von Anfang an war er Karl-Heinz Laufs dabei zu Dank verpflichtet für seine Hintergrundinformationen und Anregungen.

SHORT BIO OF
FRANK JOUSSEN

Frank Joussen is a former teacher, writer, translator and editor. His book publications include two selections of his poetry, one of them being a bilingual collaboration with Romanian poet Ana Cicio. He has co-edited two international anthologies of poetry/fiction in India and one of short stories in Germany, *Kleinkrieg und Frieden*, in cooperation with D. C. Hubbard.

His poems, short stories, reviews and essays have been published in a variety of literary magazines and anthologies in Australia, G.B., the Republic of Ireland, Germany, Romania, Malta, the U.S.A., Canada, India, China, Thailand and Japan; some of them have been translated into German, Romanian, Hindi and Chinese.

He started writing about people of the areas that were destroyed or are currently threatened by the open surface mining called "Tagebau Garweiler I" and "Tagebau Garweiler II" after moving to Erkelenz with his family in 1990.
Right from the start, he was indebted to Karl-Heinz Laufs, who provided him with essential background information and food for thought, for which he is very grateful.

DANK

Die deutschen Versionen von „Das verschwindende Land (Triptychon I)" und „Das Begräbnis unserer Dorfkirche" wurden zuerst veröffentlicht in: *Heimatverein der Erkelenzer Lande* (Hrsg.), *Literatur zum Tagebau*, in: *Das virtuelle Museum der verlorenen Heimat mit Kollagen* von Karl-Heinz Laufs; und Audio-Versionen von René Wagner:

https://www.virtuelles-museum.com/thema/literatur-zum-tagebau/

Ebenfalls dort veröffentlicht, aber mit Bildern von Wolfgang Lothmann versehen, wurde das modere Märchen „Der gerettete Bauernhof".

„No Last Homely House in Luetzerath" wurde zuerst veröffentlicht in: James Penha (ed.), *The New Verse News*, 5. November 2021 (U.S.A.); an gleicher Stelle, aber im Januar 2023 während der Räumung von Lützerath, wurde „The Turning Circle of a Bucket Wheel Excavator" veröffentlicht.

"The Cross Near the Edge" und "Crossing the Red Line (triptych III)" wurden zuerst veröffentlicht in: Antarctica Magazine/Soul Fountain am 29 März 2022;

"A Little Meadow near the Edge (Today's Morlocks)", "The Last Days of Our Village Church" und "The Ghosts of Ghost Towns" wurden zuerst veröffentlicht in *Poetry Pacific* (Mai 2022).

"Not Coming to the Cinema Soon" was published in *FreeXpression* September 2024, /Peter Pike (Hrsg.). , Australien.

ACKNOWLEDGEMENTS

The German versions of "The Disappearing Countryside (Triptych I)" and "The Last Days of Our Village Church" were first published in: *Heimatverein der Erkelenzer Lande* (ed.), *Literatur zum Tagebau*, in: Das virtuelle Museum der verlorenen Heimat; collages by Karl-Heinz Laufs; audio version by René Wagner:

https://www.virtuelles-museum.com/thema/literatur-zum-tagebau/

The German version of the modern fairytale "The Farm That We Saved" was also published there, but with photos by Wolfgang Lothmann.

"No Last Homely House in Luetzerath" was first published in:
James Penha (ed.), *The New Verse News*, 5 November 2021 (U.S.A.);
"The Turning Circle of a Bucket Wheel Excavator" was also published there, but in January 2023 during the destruction of Lützerath.
"The Cross Near the Edge" and "Crossing the Red Line (Triptych III)" was published by *Antarctica Magazine/Soul Fountain* on 29 March 2022;
"A Little Meadow near the Edge (Today's Morlocks)", "The Last Days of Our Village Church" and "The Ghosts of Ghost Towns" was published in *Poetry Pacific* 11/2022 (Canada; May, 2022).
"Not Coming to the Cinema Soon" was published in: Peter Pike (ed.), *FreeXpression* September 2024, Australia/Peter Pike (Publisher).

Besonderer Dank gilt: Frau D.C. Hubbard für das äußerst sorgfältige Edieren des ganzen Buches und besonders für die arbeitsintensive Veröffentlichung in Books on Demand. Frau Jennie Wendling gebührt auch großer Dank für das Navigieren der Seitennummerierung.

Weiterer Dank gebührt Bruno Bürger und Monika Esser für die Durchsicht der deutschen Version, Prof Dr. Stephen Alomes für sein Nachwort, Kurt Lehmkuhl für das Verfassen des Vorworts und meiner Frau Ulla für dessen Übersetzung.

Special thanks goes to D. C. Hubbard for meticulously editing the whole book and for its painstaking publication in books on demand. Jennie Wendling is also owed a big thank you for her help in navigating the ins and outs of page numbering.

Further thanks is due to Monika Esser and Bruno Bürger for proofreading the German version, Prof Dr. Stephen Alomes for writing the afterword; Kurt Lehmkuhl for writing the foreword and my wife Ulla for translating it.

BILDGESTALTUNG UND BILDNACHWEISE

Layout und Bildgestaltung der Vorder- und Rückseite von D. C. Hubbard.

Foto auf dem Titelblatt von Frank Joussen; Foto auf der Rückseite von Karl-Heinz Laufs. Alle Rechte verbleiben bei den genannten Fotografen.

LAYOUT AND PHOTO CREDITS

Layout and cover designs by D. C. Hubbard.

Front cover photo by Frank Joussen; back cover photo by Karl-Heinz Laufs. All rights remain with the photographers mentioned above.